Impressum
Verlag: BABADADA GmbH, Nedderfeld 112 , 22529 Hamburg
Geschäftsführer / Verlagsleitung: Harald Hof
Druck: Books on Demand GmbH, In de Tarpen 42, 22848 Norderstedt

Imprint
Publisher: BABADADA GmbH, Nedderfeld 112 , 22529 Hamburg, Germany
Managing Director / Publishing direction: Harald Hof
Print: Books on Demand GmbH, In de Tarpen 42, 22848 Norderstedt

classroom
σχολική τάξη

divide
διαιρώ

186/2

board
πίνακας

school yard
σχολική αυλή

teacher
δάσκαλος

paper
χαρτί

write
γράφω

pen
στυλό

desk
γραφείο

ruler
χάρακας

book
βιβλίο

pupil
μαθητής

satchel

σχολική τσάντα

pencil case

κασετίνα/ μολυβοθήκη

pencil

μολύβι

pencil sharpener

ξύστρα

rubber

γόμα

drawing pad

μπλοκ ζωγραφικής

drawing

ζωγραφική

paintbrush

πινέλο

paint box

κουτί χρωμάτων

scissors

ψαλίδι

glue

κόλλα

exercise book

τετράδιο ασκήσεων

homework

εργασία για το σπίτι

number

αριθμός

add

προσθέτω

subtract

αφαιρώ

multiply

πολλαπλασιάζω

calculate

υπολογίζω

letter

γράμμα

alphabet

αλφάβητο

hello

word

λέξη

text

κείμενο

read

διαβάζω

chalk

κιμωλία

lesson

μάθημα

register

εγγράφομαι

exam

τεστ

certificate

πιστοποιητικό

school uniform

μαθητική στολή

education

εκπαίδευση

encyclopedia

εγκυκλοπαίδεια

university

πανεπιστήμιο

microscope

μικροσκόπιο

map

χάρτης

paper bin

καλάθι αχρήστων

hotel
ξενοδοχείο

hostel
ξενώνας

bureau de change
ανταλλακτήρια συναλλάγματος

suitcase
βαλίτσα

car
αυτοκίνητο

language
γλώσσα

yes / no
ναι / όχι

Okay
εντάξει

hello
γεια σου

translator
μεταφραστής

Thank you
Ευχαριστώ

how much does ... cost?

πόσο κάνει ;

I do not understand

Δε καταλαβαίνω

problem

πρόβλημα

Good evening!

Καλησπέρα!

Good morning!

Καλημέρα!

Good night!

Καληνύχτα!

bye bye

Αντίο

direction

κατεύθυνση

luggage

αποσκευές

bag

τσάντα

backpack

σακίδιο πλάτης

guest

καλεσμένος

room

δωμάτιο

sleeping bag

υπνόσακος

tent

σκηνή

travel - ταξίδι

tourist information

τουριστικές πληροφορίες

beach

παραλία

credit card

πιστωτική κάρτα

breakfast

πρωινό

lunch

μεσημεριανό

dinner

δείπνο

ticket

εισιτήριο

lift

ανελκυστήρας

stamp

γραμματόσημο

border

σύνορα

customs

τελωνείο

embassy

πρεσβεία

visa

βίζα

passport

διαβατήριο

aeroplane
αεροπλάνο

ship
πλοίο

fire engine
πυροσβεστικό όχημα

bus
λεωφορείο

truck
φορτηγό

motorboat
χανοκίνητο σκάφος

bike
ποδήλατο

car
αυτοκίνητο

ferry

φεριμπότ

boat

βάρκα

motorbike

μοτοσικλέτα

police car

περιπολικό

racing car

αγωνιστικό αυτοκίνητο

rental car

ενοικιαζόμενο αυτοκίνητο

car sharing

διαμοιρασμός αυτοκινήτων

breakdown truck

γερανός

refuse truck

απορριμματοφόρο

motor

κινητήρας

fuel

καύσιμο

petrol station

βενζινάδικο

traffic sign

πινακίδα σήμανσης

traffic

κυκλοφορία

traffic jam

κυκλοφοριακή συμφόρηση

car park

χώρος στάθμευσης

train station

σιδηροδρομικός σταθμός

tracks

σιδηροδρομικές γραμμές

train

τρένο

tram

τραμ

carriage

βαγόνι

helicopter

ελικόπτερο

airport

αεροδρόμιο

tower

πύργος

passenger

επιβάτης

container

εμπορευματοκιβώτιο

carton

χαρτοκιβώτιο

cart

καρότσι

basket

καλάθι

take off / land

απογειώνομαι /
προσγειόνομαι

city

πόλη

village

χωριό

city centre

κέντρο της πόλης

house

σπίτι

cinema
σινεμά

advert
διαφήμιση

CINEMA

street light
λάμπα δρόμου

street
οδός

taxi
ταξί

snack shop
ψιλικατζίδικο

pedestrian
πεζός

pavement
πεζοδρόμιο

zebra crossing
διάβαση πεζών

bin
κάδος απορριμμάτων

crossing
διασταύρωση

traffic lights
φανάρια

hut
κυλύβα

flat
διαμέρισμα

train station
σιδηροδρομικός σταθμός

town hall
δημαρχείο

museum
μουσείο

school
σχολείο

university

πανεπιστήμιο

bank

τράπεζα

hospital

νοσοκομείο

hotel

ξενοδοχείο

pharmacy

φαρμακείο

office

γραφείο

book shop

βιβλιοπωλείο

shop

κατάστημα

florist's

ανθοπωλείο

supermarket

σούπερ μάρκετ

market

αγορά

department store

πολυκατάστημα

fishmonger's

ιχθυοπωλείο

shopping centre

εμπορικό κέντρο

harbour

λιμάνι

park

πάρκο

bench

παγκάκι

bridge

γέφυρα

stairs

σκάλες

underground

μετρό

tunnel

τούνελ

bus stop

στάση λεωφορείου

bar

μπαρ

restaurant

εστιατόριο

postbox

γραμματοκιβώτιο

road sign

πινακίδα δρόμου

parking meter

παρκόμετρο

zoo

ζωολογικός κήπος

swimming pool

πισίνα

mosque

τζαμί

farm
αγρόκτημα

pollution
ρύπανση

graveyard
νεκροταφείο

church
εκκλησία

playground
παιδική χαρά

temple
ναός

landscape

τοπίο

leaf / φύλλο

signpost / πινακίδα κατεύθυνσης

way / δρόμος

meadow / λιβάδι

stone / πέτρα

hiker / πεζοπόρος

tree / δέντρο

river / ποτάμι

grass / χορτάρι

flower / λουλούδι

valley

κοιλάδα

hill

λόφος

lake

λίμνη

forest

δάσος

desert

έρημος

volcano

ηφαίστειο

castle

κάστρο

rainbow

ουράνιο τόξο

mushroom

μανιτάρι

palm tree

φοίνικας

mosquito

κουνούπι

fly

μύγα

ant

μυρμήγκι

bee

μέλισσα

spider

αράχνη

beetle

σκαθάρι

frog

βάτραχος

squirrel

σκίουρος

hedgehog

σκαντζόχοιρος

hare

λαγός

owl

κουκουβάγια

bird

πουλί

swan

κύκνος

boar

αγριογούρουνο

deer

ελάφι

moose

άλκη

dam

φράγμα

wind turbine

ανεμογεννήτρια

solar panel

ηλιακός συλλέκτης

climate

κλίμα

waiter
σερβιτόρος

menu
κατάλογος

chair
καρέκλα

soup
σούπα

pizza
πίτσα

tablecloth
τραπεζομάντιλο

cutlery
μαχαιροπίρουνα

starter
ορεκτικό

main course
κύριο πιάτο

dessert
επιδόρπιο

drinks
ποτά

food
φαγητό

bottle
μπουκάλι

fast food

φαστ φουντ

street food

φαγητό στ' όρθιο

teapot

τσαγιέρα

sugar bowl

δοχείο ζάχαρης

portion

μερίδα

espresso machine

μηχανή εσπρέσο

high chair

ψηλή καρέκλα

bill

λογαριασμός

tray

δίσκος

knife

μαχαίρι

fork

πιρούνι

spoon

κουτάλι

teaspoon

κουταλάκι του τσαγιού

serviette

πετσέτα φαγητού

glass

ποτήρι

plate

πιάτο

soup plate

πιάτο σούπας

saucer

πιατάκι φλιτζανιού

sauce

σάλτσα

salt cellar

αλατιέρα

pepper mill

μύλος για πιπέρι

vinegar

ξύδι

oil

λάδι

spices

μπαχαρικά

ketchup

κέτσαπ

mustard

μουστάρδα

mayonnaise

μαγιονέζα

special offer
προσφορά

customer
πελάτης

dairy
γαλακτοκομικά προϊόντα

fruit
φρούτα

trolley
καρότσι για ψώνια

butcher's
κρεοπωλείο

baker's
φούρνος

weigh
ζυγίζω

vegetables
λαχανικά

meat
κρέας

frozen food
κατεψυγμένα τρόφιμα

cold meat

αλλαντικά

tinned food

κονσερβοποιημένη τροφή

washing powder

απορρυπαντικό ρούχων

sweets

γλυκά

household products

οικιακά είδη

cleaning products

καθαριστικά προϊόντα

salesperson

πωλήτρια

till

ταμείο

cashier

ταμίας

shopping list

λίστα για ψώνια

opening hours

ωράριο λειτουργίας

wallet

πορτοφόλι

credit card

πιστωτική κάρτα

bag

τσάντα

plastic bag

πλαστική σακούλα

water

νερό

juice

χυμός

milk

γάλα

coke

κόκα κόλα

wine

κρασί

beer

μπίρα

alcohol

αλκοόλ

cocoa

κακάο

tea

τσάι

coffee

καφές

espresso

εσπρέσο

cappuccino

καπουτσίνο

banana

μπανάνα

apple

μήλο

orange

πορτοκάλι

melon

πεπόνι

lemon

λεμόνι

carrot

καρότο

garlic

σκόρδο

bamboo

μπαμπού

onion

κρεμμύδι

mushroom

μανιτάρι

nuts

ξηροί καρποί

noodles

νουντλς

spaghetti

μακαρόνια

rice

ρύζι

salad

σαλάτα

chips

πατατάκια

fried potatoes

τηγανητές πατάτες

pizza

πίτσα

hamburger

χάμπουργκερ

sandwich

σάντουιτς

cutlet

κοτολέτα

ham

ζαμπόν

salami

σαλάμι

sausage

λουκάνικο

chicken

κοτόπουλο

roast

ψητό

fish

ψάρι

porridge oats

χυλός βρώμης

muesli

μούσλι

cornflakes

κορν φλέικς

flour

αλεύρι

croissant

κρουασάν

bread roll

ψωμάκι

bread

ψωμί

toast

τοστ

biscuits

μπισκότα

butter

βούτυρο

curd

τυρόπηγμα

cake

κέικ

egg

αυγό

fried egg

τηγανητό αυγό

cheese

τυρί

ice cream

παγωτό

sugar

ζάχαρη

honey

μέλι

jam

μαρμελάδα

chocolate spread

άλλειμμα σοκολάτας

curry

κάρυ

farmhouse
αγρόσπιτο

barn
αχυρώνας

straw bale
δεμάτι άχυρου

field
χωράφι

horse
αλόγο

trailer
ρυμουλκούμενο

foal
πουλάρι

tractor
τρακτέρ

donkey
γάιδαρος

sheep
πρόβατο

lamb
αρνί

goat

κατσίκα

cow

αγελάδα

calf

μοσχαράκι

pig

γουρούνι

piglet

γουρουνάκι

bull

ταύρος

goose

χήνα

duck

πάπια

chick

κοτοπουλάκι

hen

κότα

cock

κόκορας

rat

αρουραίος

cat

γάτα

mouse

ποντίκι

ox

βόδι

dog

σκύλος

doghouse

σπιτάκι σκύλου

garden hose

λάστιχο κήπου

watering can

ποτιστήρι

scythe

θεριστήρι

plough

αλέτρι

sickle

δρεπάνι

hoe

τσάπα

pitchfork

δίκρανο

axe

τσεκούρι

wheelbarrow

χειράμαξα

trough

ταΐστρα

milk can

δοχείο γάλακτος

sack

σάκος

fence

φράχτης

stable

στάβλος

greenhouse

θερμοκήπιο

soil

έδαφος

seed

σπόρος

fertilizer

λίπασμα

combine harvester

θεριζοαλωνιστική μηχανή

harvest

θερίζω

harvest

συγκομιδή

yams

γιαμς

wheat

σιτάρι

soy

σόγια

potato

πατάτα

corn

καλαμπόκι

rapeseed

κράμβη

fruit tree

οπωροφόρο δέντρο

cassava

μανιόκα

cereals

δημητριακά

chimney
καμινάδα

roof
στέγη

drain pipe
υδρορροή

window
παράθυρο

garage
γκαράζ

doorbell
κουδούνι

door
πόρτα

rubbish bin
σκουπιδοτενεκές

letterbox
γραμματοκιβώτιο

garden
κήπος

living room
σαλόνι

bathroom
μπάνιο

kitchen
κουζίνα

bedroom
υπνοδωμάτιο

child's room
παιδικό δωμάτιο

dining room
τραπεζαρία

floor

πάτωμα

wall

τοίχος

ceiling

οροφή

cellar

κελάρι

sauna

σάουνα

balcony

μπαλκόνι

terrace

βεράντα

pool

πισίνα

lawn mower

μηχανή του γκαζόν

sheet

σεντόνι

bedspread

κάλυμμα κρεβατιού

bed

κρεβάτι

broom

σκούπα

bucket

κουβάς

switch

διακόπτης

wallpaper
ταπετσαρία

picture
φωτογραφία

lamp
λάμπα

shelf
ράφι

cupboard
ντουλάπι

fireplace
τζάκι

television
τηλεόραση

flower
λουλούδι

cushion
μαξιλάρι

sofa
καναπές

vase
βάζο

remote control
τηλεκοντρόλ

carpet
χαλί

curtain
κουρτίνα

table
τραπέζι

chair
καρέκλα

rocking chair
κουνιστή πολυθρόνα

armchair
πολυθρόνα

book

βιβλίο

blanket

κουβέρτα

decoration

διακόσμηση

firewood

καυσόξυλα

film

ταινία

hi-fi equipment

στερεοφωνικό σύστημα

key

κλειδί

newspaper

εφημερίδα

painting

πίνακας ζωγραφικής

poster

αφίσα

radio

ραδιόφωνο

notepad

σημειωματάριο

hoover

ηλεκτρική σκούπα

cactus

κάκτος

candle

κερί

fridge
ψυγείο

microwave oven
φούρνος μικροκυμάτων

kitchen scales
ζυγαριά κουζίνας

toaster
τοστιέρα

detergent
απορρυπαντικό

oven
φούρνος

freezer
κατάψυξη

rubbish bin
σκουπιδοτενεκές

dishwasher
πλυντήριο πιάτων

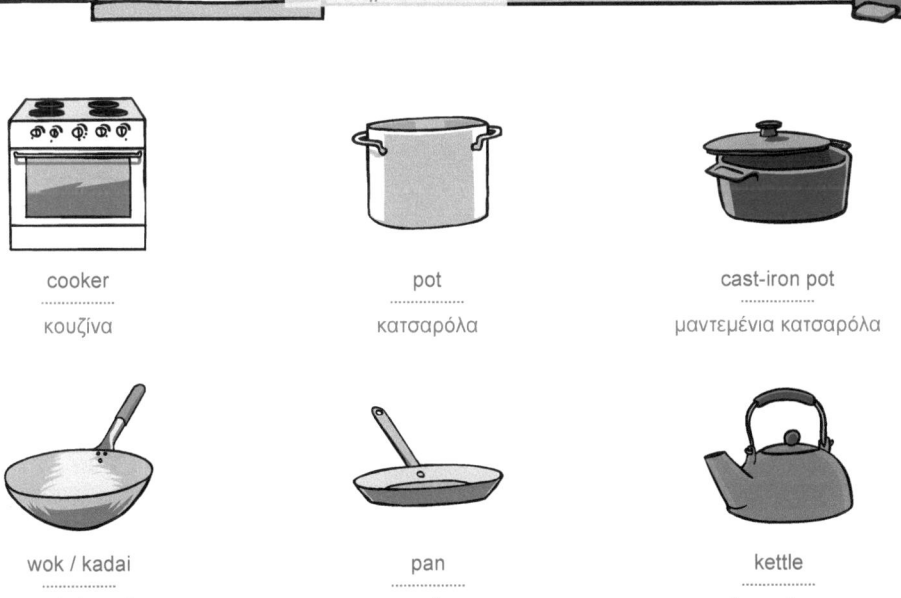

cooker	pot	cast-iron pot
κουζίνα	κατσαρόλα	μαντεμένια κατσαρόλα

wok / kadai	pan	kettle
γουόκ/καντάι	τηγάνι	βραστήρας

steamer

ατμομάγειρας

baking tray

ταψί

crockery

πιατικά

mug

κούπα

bowl

μπολ

chopsticks

ξυλάκια

ladle

κουτάλα

spatula

σπάτουλα

whisk

ανακατεύω

strainer

σουρωτήρι

sieve

σουρωτηράκι

grater

τρίφτης

mortar

γουδί

barbecue

ψησταριά

open fire

ανοιχτή φωτιά

chopping board

σανίδα κοπής

rolling pin

πλάστης

corkscrew

ανοιχτήρι φελλών

can

κονσέρβα

can opener

ανοιχτήρι κονσέρβας

pot holder

γάντι φούρνου

sink

νεροχύτης

brush

βούρτσα

sponge

σφουγγάρι

blender

μπλέντερ

deep freezer

καταψύκτης

baby bottle

μπιμπερό

tap

βρύση

heating
θέρμανση

shower
ντους

towel
πετσέτα

shower curtain
κουρτίνα ντουζ

bubble bath
αφρόλουτρο

bathtub
μπανιέρα

glass
ποτήρι

washing machine
πλυντήριο ρούχων

tiles
πλακάκια

tap
βρύση

potty
γιογιό

sink
νεροχύτης

toilet
τουαλέτα

squat toilet
τούρκικη τουαλέτα

bidet
μπιντές

urinal
ουρητήριο

toilet paper
χαρτί υγείας

toilet brush
πιγκάλ

toothbrush

οδοντόβουρτσα

toothpaste

οδοντόκρεμα

dental floss

οδοντικό νήμα

wash

πλένω

handheld shower

τηλέφωνο ντους

douche

ντουσιέρα

basin

λεκάνη

back brush

βούρτσα πλάτης

soap

σαπούνι

shower gel

αφρόλουτρο

shampoo

σαμπουάν

flannel

φανέλα

drain

σιφόνι

cream

κρέμα

deodorant

αποσμητικό

mirror

καθρέφτης

hand mirror

καθρέφτης χειρός

razor

ξυραφάκι

shaving foam

αφρός ξυρίσματος

aftershave

αφτερσέιβ

comb

χτένα

brush

βούρτσα

hair dryer

σεσουάρ

hairspray

λακ

makeup

μακιγιάζ

lipstick

κραγιόν

nail varnish

βερνίκι νυχιών

cotton wool

βαμβάκι

nail scissors

ψαλίδι νυχιών

perfume

άρωμα

washbag

νεσεσέρ

stool

σκαμπό

weighing scale

ζυγαριά

bathrobe

μπουρνούζι

rubber gloves

ελαστικά γάντια

tampon

ταμπόν

sanitary towel

πετσέτα υγιεινής

chemical toilet

χημική τουαλέτα

alarm clock
ξυπνητήρι

cuddly toy
λούτρινο ζωάκι

toy car
αυτοκινητάκι

rattle
κουδουνίστρα

doll's house
κουκλόσπιτο

present
δώρο

balloon

μπαλόνι

bed

κρεβάτι

pram

καροτσάκι

deck of cards

τράπουλα

jigsaw

παζλ

comic

κόμικς

lego bricks

τουβλάκια lego

building blocks

τουβλάκια κατασκευών

action figure

φιγούρα δράσης

romper suit

βρεφικό φορμάκι

Frisbee

φρίσμπι

mobile

μόμπιλο

board game

επιτραπέζιο παιχνίδι

dice

ζάρια

model train set

σετ τρενάκι

dummy

πιπίλα

party

πάρτι

picture book

εικονογραφημένο βιβλίο

ball

μπάλα

doll

κούκλα

play

παίζω

sandpit

σκάμμα με άμμο

swing

κούνια

toys

παιχνίδια

video game console

κονσόλα βιντεοπαιχνιδιών

tricycle

τρίκυκλο

teddy bear

αρκουδάκι

wardrobe

ντουλάπα

clothing

ρούχα

socks

κάλτσες

stockings

καλτσοδέτες

tights

καλσόν

scarf
κασκόλ

umbrella
ομπρέλα

t-shirt
μπλουζάκι

belt
ζώνη

boots
μπότες

slippers
παντόφλες

trainers
αθλητικά παπούτσια

sandals
σανδάλια

shoes
παπούτσια

rubber boots
γαλότσες

underpants
εσώρουχο

bra
σουτιέν

vest
φανέλα

clothing - ρούχα

45

body

σώμα

trousers

παντελόνι

jeans

τζιν παντελόνι

skirt

φούστα

blouse

μπλούζα

shirt

πουκάμισο

pullover

πουλόβερ

hoodie

πουλόβερ

blazer

σακάκι

jacket

μπουφάν

coat

παλτό

raincoat

αδιάβροχο πανωφόρι

costume

κοστούμι

dress

φόρεμα

wedding dress

νυφικό

suit
κοστούμι

nightgown
νυχτικό

pyjamas
πιτζάμες

sari
σάρι

headscarf
μαντήλι

turban
τουρμπάνι

burqa
μπούρκα

kaftan
καφτάνι

abaya
μουσουλμανικό ένδυμα

swimsuit
ολόσωμο μαγιό

trunks
ανδρικό μαγιό

shorts
σορτς

tracksuit
αθλητική φόρμα

apron
ποδιά

gloves
γάντια

button

κουμπί

glasses

γυαλιά

bracelet

βραχιόλι

necklace

περιδέραιο

ring

δαχτυλίδι

earring

σκουλαρίκι

cap

καπέλο

coat hanger

κρεμάστρα

hat

καπέλο

tie

γραβάτα

zipper

φερμουάρ

helmet

κράνος

braces

τιράντες

school uniform

μαθητική στολή

uniform

στολή

bib
....
σαλιάρα

dummy
....
πιπίλα

nappy
....
πάνα

server
σέρβερ

filing cabinet
αρχειοθήκη

printer
εκτυπωτής

paper
χαρτί

monitor
οθόνη

desk
γραφείο

mouse
ποντίκι

folder
ντοσιέ

keyboard
πληκτρολόγιο

paper bin
καλάθι αχρήστων

chair
καρέκλα

computer
υπολογιστής

coffee mug
....
κούπα του καφέ

calculator
....
κομπιουτεράκι

internet
....
ίντερνετ

laptop
λάπτοπ

letter
γράμμα

message
μήνυμα

mobile
κινητό

network
δίκτυο

photocopier
φωτοτυπικό μηχάνημα

software
λογισμικό

telephone
τηλέφωνο

plug socket
πρίζα

fax machine
συσκευή φαξ

form
έντυπο

document
έγγραφο

buy

αγοράζω

pay

πληρώνω

trade

συναλλάσσομαι

money

χρήματα

dollar

δολάριο

euro

ευρώ

yen

γιεν

rouble

ρούβλι

Swiss franc

ελβετικό φράγκο

renminbi yuan

ρενμίνμπι γιουάν

rupee

ρουπία

cashpoint

ATM (αυτόματη ταμειακή μηχανή)

bureau de change

ανταλλακτήρια συναλλάγματος

gold

χρυσός

silver

ασήμι

oil

πετρέλαιο

energy

ενέργεια

price

τιμή

contract

συμβόλαιο

tax

φόρος

stock

μετοχή

work

δουλεύω

employee

υπάλληλος

employer

εργοδότης

factory

εργοστάσιο

shop

κατάστημα

police officer
αστυνόμος

fireman
πυροσβέστης

cook
μάγειρας

doctor
γιατρός

pilot
πιλότος

gardener

κηπουρός

carpenter

ξυλουργός

seamstress

μοδίστρα

judge

δικαστής

chemist

χημικός

actor

ηθοποιός

bus driver

οδηγός λεωφορείου

taxi driver

ταξιτζής

fisherman

ψαράς

cleaning lady

καθαρίστρια

roofer

τεχνίτης στεγών

waiter

σερβιτόρος

hunter

κυνηγός

painter

ζωγράφος

baker

αρτοποιός

electrician

ηλεκτρολόγος

builder

οικοδόμος

engineer

μηχανολόγος

butcher

κρεοπώλης

plumber

υδραυλικός

postman

ταχυδρόμος

soldier

στρατιώτης

architect

αρχιτέκτονας

cashier

ταμίας

florist

ανθοπώλης

hairdresser

κομμωτής

conductor

ελεγκτής εισιτηρίων

mechanic

μηχανικός

captain

καπετάνιος

dentist

οδοντίατρος

scientist

επιστήμονας

rabbi

ραβίνος

imam

ιμάμης

monk

μοναχός

clergyman

ιερέας

occupations - επαγγέλματα

hammer
σφυρί

pliers
πένσα

screwdriver
κατσαβίδι

spanner
Γαλλικό κλειδί

torch
φακός

digger

εκσκαφέας

toolbox

εργαλειοθήκη

ladder

σκάλα

saw

πριόνι

nails

καρφιά

drill

τρυπάνι

repair

επισκευάζω

shovel

φτυάρι

Damn!

Να πάρει!

dustpan

φαράσι

paint pot

δοχείο χρωμάτων

screws

βίδες

musical instruments
μουσικά όργανα

drum kit
ντραμς

loudspeaker
μεγάφωνο

guitar
κιθάρα

double bass
κοντραμπάσο

trumpet
τρομπέτα

piano

πιάνο

violin

βιολί

bass

μπάσο

timpani

τύμπανα

drums

τύμπανο

keyboard

πλήκτρα

saxophone

σαξόφωνο

flute

φλάουτο

microphone

μικρόφωνο

entrance
είσοδος

tiger
τίγρης

cage
κλουβί

zebra
ζέβρα

animal feed
ζωοτροφή

panda
πάντα

animals

ζώα

elephant

ελέφαντας

kangaroo

καγκουρό

rhino

ρινόκερος

gorilla

γορίλας

bear

αρκούδα

camel

καμήλα

ostrich

στρουθοκάμηλος

lion

λιοντάρι

monkey

πίθηκος

flamingo

φλαμίνγκο

parrot

παπαγάλος

polar bear

πολική αρκούδα

penguin

πιγκουίνος

shark

καρχαρίας

peacock

παγώνι

snake

φίδι

crocodile

κροκόδειλος

zookeeper

φύλακας ζωολογικού κήπου

seal

φώκια

jaguar

τζάγκουαρ

zoo - ζωολογικός κήπος

pony

πόνυ

leopard

λεοπάρδαλη

hippo

ιπποπόταμος

giraffe

καμηλοπάρδαλη

eagle

αετός

boar

αγριογούρουνο

fish

ψάρι

turtle

χελώνα

walrus

θαλάσσιος ίππος

fox

αλεπού

gazelle

γαζέλα

zoo - **ζωολογικός κήπος**

American football
Αμερικάνικο ποδόσφαιρο

cycling
ποδηλασία

tennis
αντισφαίριση

basketball
μπάσκετ

swimming
κολύμβηση

boxing
πυγχαμία

ice hockey
χόκεϋ επί πάγου

football

ποδόσφαιρο

badminton

μπάντμιντον

athletics

στίβος

handball

χάντμπολ

skiing

σκι

polo

πόλο

laugh
γελάω

jump
πηδάω

hug
αγκαλιάζω

walk
περπατάω

sing
τραγουδάω

dream
ονειρεύομαι

pray
προσεύχομαι

kiss
φιλάω

write

γράφω

draw

σχεδιάζω

show

δείχνω

push

πιέζω

give

δίνω

take

παίρνω

have
έχω

do
κάνω

be
είμαι

stand
στέκομαι

run
τρέχω

pull
τραβάω

throw
ρίχνω

fall
πέφτω

lie
ξαπλώνω

wait
περιμένω

carry
κουβαλώ

sit
κάθομαι

get dressed
φοράω

sleep
κοιμάμαι

wake up
ξυπνάω

look at

κοιτάω

cry

κλαίω

stroke

χαϊδεύω

comb

χτενίζω

talk

μιλάω

understand

καταλαβαίνω

ask

ρωτάω

listen

ακούω

drink

πίνω

eat

τρώω

tidy up

συγυρίζω

love

αγαπάω

cook

μαγειρεύω

drive

οδηγώ

fly

πετάω

sail

κάνω ιστιοπλοΐα

calculate

υπολογίζω

read

διαβάζω

learn

μαθαίνω

work

δουλεύω

marry

παντρεύομαι

sew

ράβω

brush teeth

βουρτσίζω τα δόντια

kill

σκοτώνω

smoke

καπνίζω

send

στέλνω

grandmother
γιαγιά

grandfather
παππούς

father
πατέρας

mother
μητέρα

baby
μωρό

daughter
κόρη

son
γιος

guest

καλεσμένος

aunt

θεία

uncle

θείος

brother

αδελφός

sister

αδελφή

body
σώμα

forehead
μέτωπο

eye
μάτι

shoulder
ώμος

finger
δάχτυλο

face
πρόσωπο

chin
πιγούνι

hand
χέρι

breast
στήθος

leg
πόδι

arm
βραχίονας

baby

μωρό

man

άνδρας

woman

γυναίκα

girl

κορίτσι

boy

αγόρι

head

κεφάλι

back

πλάτη

belly

κοιλιά

belly button

αφαλός

toe

δάχτυλο ποδιού

heel

φτέρνα

bone

κόκκαλο

hip

γοφός

knee

γόνατο

elbow

αγκώνας

nose

μύτη

bottom

γλουτός

skin

δέρμα

cheek

μάγουλο

ear

αυτί

lip

χείλος

body - σώμα

mouth

στόμα

tooth

δόντι

tongue

γλώσσα

brain

εγκέφαλος

heart

καρδιά

muscle

μυς

lung

πνεύμονας

liver

συκώτι

stomach

στομάχι

kidneys

νεφρά

sex

σεξουαλική επαφή

condom

προφυλακτικό

ovum

ωάριο

semen

σπέρμα

pregnancy

εγκυμοσύνη

menstruation

περίοδος

vagina

γυναικείος κόλπος

penis

πέος

eyebrow

φρύδι

hair

μαλλιά

neck

λαιμός

body - σώμα

hospital
νοσοκομείο

ambulance
ασθενοφόρο

wheelchair
αναπηρικό καροτσάκι

fracture
κάταγμα

doctor

γιατρός

emergency room

μονάδα εντατικής θεραπείας

nurse

νοσοκόμα

emergency

έκτακτη ανάγκη

unconscious

λιπόθυμος

pain

πόνος

injury

τραύμα

bleeding

αιμορραγία

heart attack

έμφραγμα

stroke

εγκεφαλικό

allergy

αλλεργία

cough

βήχας

fever

πυρετός

flu

γρίπη

diarrhoea

διάρροια

headache

πονοκέφαλος

cancer

καρκίνος

diabetes

διαβήτης

surgeon

χειρουργός

scalpel

νυστέρι

operation

εγχείρηση

CT

αξονική τομογραφία

x-ray

ακτινογραφία

ultrasound

υπέρηχος

face mask

μάσκα

disease

ασθένεια

waiting room

αίθουσα αναμονής

crutch

πατερίτσα

plaster

χάνσαπλαστ

bandage

επίδεσμος

injection

ένεση

stethoscope

στηθοσκόπιο

stretcher

φορείο

clinical thermometer

θερμόμετρο

birth

γέννηση

overweight

υπέρβαρο

hospital - νοσοκομείο

hearing aid

ακουστικό βαρηκοΐας

disinfectant

αντισηπτικό

infection

λοίμωξη

virus

ιός

HIV / AIDS

HIV/AIDS

medicine

φάρμακο

vaccination

εμβολιασμός

tablets

δισκία

pill

χάπι

emergency call

κλήση έκτακτης ανάγκης

blood pressure monitor

πιεσόμετρο αίματος

sick / healthy

άρρωστος / υγιής

Help!

Βοήθεια!

alarm

συναγερμός

assault

βιαιοπραγία

attack

επίθεση

danger

κίνδυνος

emergency exit

έξοδος κινδύνου

Fire!

Φωτιά!

fire extinguisher

πυροσβεστήρας

accident

ατύχημα

first-aid kit

κουτί πρώτων βοηθειών

SOS

SOS

police

αστυνομία

Europe

Ευρώπη

North America

Βόρεια Αμερική

South America

Νότια Αμερική

Africa

Αφρική

Asia

Ασία

Australia

Αυστραλία

Atlantic

Ατλαντικός Ωκεανός

Pacific

Ειρηνικός Ωκεανός

Indian Ocean

Ινδικός Ωκεανός

Antarctic Ocean

Ανταρκτικός Ωκεανός

Arctic Ocean

Αρκτικός Ωκεανός

North Pole

Βόρειος Πόλος

South Pole

Νότιος Πόλος

Antarctica

Ανταρκτική

Earth

Γη

land

γη

sea

θάλασσα

island

νησί

nation

έθνος

state

πολιτεία

clock face

καντράν ρολογιού

hour hand

ωροδείκτης

minute hand

λεπτοδείκτης

second hand

δείκτης δευτερολέπτων

What time is it?

Τι ώρα είναι;

day

ημέρα

time

χρόνος

now

τώρα

digital watch

ψηφιακό ρολόι

minute

λεπτό

hour

ώρα

Monday
Δευτέρα

Wednesday
Τετάρτη

Friday
Παρασκευή

Tuesday
Τρίτη

Saturday
Σάββατο

Thursday
Πέμπτη

Sunday
Κυριακή

yesterday
χθες

today
σήμερα

tomorrow
αύριο

morning
πρωί

noon
μεσημέρι

evening
βράδυ

MO	TU	WE	TH	FR	SA	SU
1	2	3	4	5	6	7
8	9	10	11	12	13	14
15	16	17	18	19	20	21
22	23	24	25	26	27	28
29	30	31	1	2	3	4

business days
εργάσιμες ημέρες

MO	TU	WE	TH	FR	SA	SU
1	2	3	4	5	6	7
8	9	10	11	12	13	14
15	16	17	18	19	20	21
22	23	24	25	26	27	28
29	30	31	1	2	3	4

weekend
Σαββατοκύριακο

rain
βροχή

rainbow
ουράνιο τόξο

snow
χιόνι

wind
άνεμος

spring
άνοιξη

autumn
φθινόπωρο

summer
καλοκαίρι

winter
χειμώνας

weather forecast

πρόγνωση καιρού

thermometer

θερμόμετρο

sunshine

λιακάδα

cloud

σύννεφο

fog

ομίχλη

humidity

υγρασία

lightning

αστραπή

thunder

κεραυνός

storm

καταιγίδα

hail

χαλάζι

monsoon

μουσώνας

flood

πλημμύρα

ice

πάγος

January

Ιανουάριος

February

Φεβρουάριος

March

Μάρτιος

April

Απρίλιος

May

Μάιος

June

Ιούνιος

July

Ιούλιος

August

Αύγουστος

year - έτος

September
Σεπτέμβριος

October
Οκτώβριος

November
Νοέμβριος

December
Δεκέμβριος

shapes
σχήματα

circle
κύκλος

square
τετράγωνο

rectangle
ορθογώνιο
παραλληλόγραμμο

triangle
τρίγωνο

sphere
σφαίρα

cube
κύβος

white
άσπρο

yellow
κίτρινο

orange
πορτοκαλί

pink
ροζ

red
κόκκινο

purple
μωβ

blue
μπλε

green
πράσινο

brown
καφέ

grey
γκρι

black
μαύρο

a lot / a little

πολύ / λίγο

angry / calm

θυμωμένος / ήρεμος

beautiful / ugly

όμορφος / άσχημος

beginning / end

αρχή / τέλος

big / small

μεγάλος / μικρός

bright / dark

φωτεινός / σκοτεινός

brother / sister

αδελφός / αδελφή

clean / dirty

καθαρός / λερωμένος

complete / incomplete

πλήρης / ατελής

day / night

ημέρα / νύχτα

dead / alive

νεκρός / ζωντανός

wide / narrow

φαρδύς / στενός

edible / inedible

βρώσιμος / μη βρώσιμος

evil / nice

κακός / ευγενικός

excited / bored

ενθουσιασμένος / βαριεστημένος

fat / thin

παχύς / λεπτός

first / last

πρώτος / τελευταίος

friend / enemy

φίλος / εχθρός

full / empty

γεμάτος / άδειος

hard / soft

σκληρός / μαλακός

heavy / light

βαρύς / ελαφρύς

hunger / thirst

πείνα / δίψα

sick / healthy

άρρωστος / υγιής

illegal / legal

παράνομος / νόμιμος

intelligent / stupid

έξυπνος / χαζός

left / right

αριστερός / δεξιός

near / far

κοντινός / μακρινός

new / used

καινούριος /
μεταχειρισμένος

nothing / something

τίποτα / κάτι

old / young

γέρος | νέος

on / off

αναμμένος / σβηστός

open / closed

ανοιχτός / κλειστός

quiet / loud

χαμηλόφωνος /
μεγαλόφωνος

rich / poor

πλούσιος / φτωχός

right / wrong

σωστός / λανθασμένος

rough / smooth

τραχύς / λείος

sad / happy

λυπημένος / χαρούμενος

short / long

κοντός / μακρύς

slow / fast

αργός / γρήγορος

wet / dry

υγρός / στεγνός

warm / cool

ζεστός / δροσερός

war / peace

πόλεμος / ειρήνη

0

zero

μηδέν

1

one

ένα

2

two

δύο

3

three

τρία

4

four

τέσσερα

5

five

πέντε

6

six

έξι

7

seven

εφτά

8

eight

οκτώ

9

nine

εννιά

10

ten

δέκα

11

eleven

έντεκα

12

twelve

δώδεκα

13

thirteen

δεκατρία

14

fourteen

δεκατέσσερα

15

fifteen

δεκαπέντε

16

sixteen

δεκαέξι

17

seventeen

δεκαεφτά

18

eighteen

δεκαοκτώ

19

nineteen

δεκαεννέα

20

twenty

είκοσι

100

hundred

εκατό

1.000

thousand

χίλια

1.000.000

million

εκατομμύριο

languages

English

Αγγλικά

American English

Αμερικάνικα Αγγλικά

Mandarin Chinese

Μανδαρίνικα Κινέζικα

Hindi

Χίντι

Spanish

Ισπανικά

French

Γαλλικά

Arabic

Αραβικά

Russian

Ρώσικα

Portuguese

Πορτογαλικά

Bengali

Μπενγκάλι

German

Γερμανικά

Japanese

Ιαπωνικά

I
εγώ

you
εσύ

he / she / it
αυτός / αυτή / αυτό

we
εμείς

you
εσείς

they
αυτοί / αυτές / αυτά

who?
ποιος / ποια / ποιο;

what?
τι;

how?
πώς;

where?
πού;

when?
πότε;

name
όνομα

behind

πίσω

in

μέσα

in front of

μπροστά

over

πάνω από

on

πάνω

under

κάτω

beside

δίπλα

between

ανάμεσα

place

μέρος